Joh. C. Krausen

Avertissement

Zur Kultur der weißen Maulbeerbäume und des Seidenbaues

Joh. C. Krausen

Avertissement
Zur Kultur der weißen Maulbeerbäume und des Seidenbaues

ISBN/EAN: 9783743363700

Hergestellt in Europa, USA, Kanada, Australien, Japan

Cover: Foto ©Andreas Hilbeck / pixelio.de

Manufactured and distributed by brebook publishing software
(www.brebook.com)

Joh. C. Krausen

Avertissement

Avertissement,

wodurch

auf höchsten Befehl

Ihro

Chur-Fürstl. Durchl.

zu Sachßen ꝛc,

die Einwohner Dero Lande

zur Cultur der weißen

Maulbeerbäume

und des

Seidenbaues,

von neuen angewiesen und ermuntert werden,

nebst

einem deutlichen Unterricht, sowohl von der
Maulbeerbaum-Cultur, als auch von
dem Seidenbau.

Ergangen

De dato Dreßden, am 19. Sept. 1770.

Dreßden, gedruckt bey dem Churfl. Hofbuchdr. Joh. C.
Krausen, und zu finden in dem hiesigen Addreß-
und in dem Leipziger Intel. Comtoir.

Da nunmehro bereits an verschiedenen Orten und Gegenden hiesiger Lande, als in Leipzig, Hosterwitz, Königsbrück, Wölkau, Dahlen, Balgstädt, Oeltzschau, Seyda, Meißen, Torgau, Grimma, Rochlitz, Görlitz, Budißin, eine ansehnliche Menge Maulbeerbäume befindlich sind, auch an den meisten benannten Orten schon seit einigen Jahren der Seidenbau mit guten Nutzen betrieben wird: Mithin die Erfahrung bewähret, daß an der Möglichkeit, die Maulbeerbäume in hiesigen Landen so gut als in andern fortzubringen, und von dem Seidenbau eben sowohl, als anderwärts, Vortheil zu ziehen, weiter nicht zu zweifeln sey;

So

So ist von Ihro Churfl. Durchl. zu Sachßen Dero Landes-Oeconomie-Manufactur- und Commercien-Deputation befehliget worden, an sämmtliche Einwohner hiesiger Lande eine allgemeine Aufmunterung zu erlaßen, damit selbige, soviel es nur immer eines jeden Zeit und Gelegenheit leidet, um ihres eigenen Bestens willen, zu Erfüllung der bereits in dem Mandat vom 6. Augl. 1754. bekannt gemachten Landes-Väterlichen Absicht, welche aus deßen Abdruck in der Beylage sub A. mit mehrern zu ersehen, in möglichster Ausbreitung der Maulbeerbaum- und Seiden-Cultur, das ihrige beytragen mögen.

Weder der Mangel an Händen, noch an Platz geben hierunter allgemeine Hinderniße ab. Denn da die Blätter durch Weiber gesammlet, und die Würmer selbst nur durch alte Personen, Knaben und Mägdgen von 8. bis 12. Jahren gewartet werden können, und die Seiden-Erndte blos vom halben May bis Ende Junius dauret, zu welcher Zeit in hiesigen Landen die Getreyde-Erndte noch nicht angehet, mithin noch Tagelöhner zu haben sind, die zu dem Abstreifeln der Blätter in

den

den letztern 14. Tagen des Seidenbaues zu brauchen sind, so wird es wenigstens an allen denjenigen Orten, wo
nicht etwan nebst dem Ackerbau noch
ein starcker Weinbau, oder häufige
Manufactur-Arbeit befindlich ist, an
Händen nicht fehlen.

Auf den Umstand, daß einestheils
zu Anlegung einer Plantage von weißen
Maulbeerbäumen, ein ansehnlicher
Platz, und anderntheils zu Betreibung
des Seidenbaues verschiedene Bequem-
lichkeiten erfordert werden, ist bereits
in dem Mandat von 1754. gesehen, und
sind dieserhalb insbesondere die Ritterguths-Besitzer, Armen- und Waysen-
häußer, Hospitäler und andere milde
Stiftungen, so wie die Stadt-Räthe
und Communen, sowohl zu Besetzung
ihrer besitzenden leeren und Gemeinen-
Plätze mit weißen Maulbeerbäumen,
als auch zu Betreibung des Seidenbaues, vor andern ermuntert worden,
weiln wenigstens auf vielen Rittergü-
thern der hierzu erforderliche Platz und
die nöthige Bequemlichkeit anzutreffen,
die Stadt-Räthe und Pia Corpora
hingegen die auf den Rath- und Ge-
wand-Häußern, oder in andern öffentlichen Gebäuden befindliche, gegen

A 3   Morgen

Morgen oder Mittag gelegene, wohl-
verwahrte Säle oder Böden, darzu
gebrauchen können.

Und gleichwie es Jhro Churfürstl.
Durchl. zu besondern gnädigsten Wohl-
gefallen gereichet, daß bereits einige von
Dero getreuen Vasallen und Stadt-
Räthen hierunter einen rühmlichen
Vorgang gemacht; Also haben
Höchst-Dieselben zugleich das gnädig-
ste Zutrauen, daß auch noch mehrere
Ritterguths-Besitzer, Stadt-Räthe,
Communen und Pia Corpora, und
besonders diejenigen, denen es an erforderlichen Platz und Beqvemlichkeit
nicht fehlet, hierinnen zu Dero gnädigsten Gefallen werckthätig beytreten, und
ihres Orts zuförderst zu Anlegung zahlreicher Baum-Schulen von weißen
Maulbeerbäumen, woraus sie andern
das Bedürfniß ablaßen können, ingleichen wo es thunlich ist, zu Errichtung
gantzer Plantagen von dergleichen
Bäumen, je eher je beßer verschreiten,
hierauf aber auch den Seidenbau davon zubetreiben, mithin dieses zum
Besten des gantzen Landes abzielende
Vorhaben, nach allen Kräften zu befördern, sich angelegen seyn laßen
werden.

Da

Da hiernächst in dem mehr angezo-
genen Mandat auch denen Geistlichen
und Schulbedienten angerathen worden, ihre Gärten und die Kirchhöfe
mit Maulbeerbäumen zu besetzen, und
in der Folge den Seidenbau, wenigstens
in kleinen davon zubetreiben, daferne
sie in ihrer Wohnung eine reinliche
Stube oder Kammer zur Seidenwür-
mer-Zucht bestimmen können; (So
zweifelt man zwar um so weniger, daß
auch diese die höchste Absicht gleichfalls
ihres Orts, durch möglichsten Eyfer und
Treue befördern zu helfen bemühet seyn
werden, weil die von den weiblichen
Personen und Kindern daran zuver-
wendende Mühe, wenn auch in einem
dergleichen Hauße nur 4. 5. bis 6. lb.
Seide jährlich zuerzielen möglich wäre;
gar reichlich belohnet wird, immaßen
der Gewinnst an 1. lb. reiner Seide,
wenn man die Blätter nicht bezahlen
darf, sich wenigstens auf 3. bis 4. Thlr.
belaufet. Zu noch mehrerer Ermunte-
rung aber, haben Ihro Churfl. Durchl.
gnädigst resolviret, daß vor der Hand,
die nächstfolgenden 3. Jahre hindurch,
(nach deren Verlauf desfalls weitere
Entschließung gefaßet werden wird,)
einem jedweden, welcher zum ersten-
mahl Seide gewinnet, nicht minder

A 4   denenje-

denenjenigen, welche jährlich mehr, als in dem vorhergehenden Jahre, an reiner Seide gewinnen, und daß sie solche selbst cultiviret haben, durch gerichtliche Attestata beweisen, für jedes Pfund zuerst, oder mehr gewonnener Seide 12. gl. zum Douceur, durch Dero Landes-Oeconomie-Manufactur- und Commercien-Deputation aus der Præmien-Casse bezahlet werden soll, welches hierdurch zu ihrer Nachricht bekannt gemacht wird.

Bey dem gemeinen Landmann möchten sich zwar, wo der Raum zu enge, und die gantze Wohnung mit Dampf und Rauch aus den Oefen, oder auch üblen Geruch von der nahgelegenen Mistståte angefüllet, in Ansehung der Würmer-Zucht einige Hinderniße finden: Doch auch dieser kann sich mit Anpflantzung der weißen Maulbeerbäume, wo er eigenthümliche leere Plätze dazu hat, vielen Nutzen schaffen, weil nicht allein das Laub von diesen Bäumen zur Fütterung des Rind-Viehes und der Schaafe wohl zu gebrauchen ist, sondern auch bey künftiger mehrerer Betreibung des Seidenbaues von Leuten, welche zwar den Gelaß darzu, aber keine Bäume besitzen, der

Ver-

Verkauf der Blätter ihm noch einen
guten Gewinnst abwerfen wird. Diejenigen Länd-Wirthe hingegen, welche
eine reinliche Ober-Stube oder Kammer haben, können auf die Art wie
die Geistlichen den Seidenbau betreiben, und sollen sich gleicher Belohnung
wie jene zu erfreuen haben. Man
hoffet dahero um so mehr, daß gleichfalls der gemeine Landmann, vorzüglich in Anpflanzung der weißen Maulbeerbäume, und soviel als die Umstände eines und des andern erlauben,
auch in Betreibung des Seidenbaues,
Ihrer Churfürstl. Durchl. gnädigsten Intention sich hierunter gemäß
zu bezeigen, treulichst beeyfert seyn
wird.

Damit nun der aus dem Seidenbau zu erwartende Nutzen, dessen Be-
trächtlichkeit lediglich von der anzu-
pflanzenden Menge weißer Maulbeerbäume abhanget, desto eher erreichet,
und desto mehr befördert werde; So
haben Ihro Churfl. Durchl. Dero
Landes-Oeconomie-Manufactur-
und Commercien-Deputation gnädigst befehliget, vor Herbeyschaffung
einer hinlänglichen Quantität sowohl
guten weißen Maulbeer-Saamens,
A 5 als

als auch Seidenwürmer-Eyer be-
forgt zu seyn, um mit beyden zu Anfange denen bedürfftigen Unterthanen, so
dergleichen verlangen, gegen obrigkeit-
liche Attestata, allenfalls ohne einige
Bezahlung, einem jedweden Innlän-
der aber, der es verlangt, gegen Erstat-
tung der Unkosten an Hand zu gehen.
In welcher Absicht denn hierdurch bekannt gemacht wird, daß diejenigen,
so Maulbeer-Saamen verlangen, noch
vor Ablauf dieses Jahres, und diejenigen, so Seidenwürmer-Eyer verlangen, noch vor dem Monat Februar
künftigen Jahres, wenigstens ihre
Nahmen, mit Bemerkung der belie-
bigen Quantitæt Saamens, oder
Grains, entweder in das Leipziger
Intelligenz - Comtoir, oder in das
hiesige Addreſs - Comtoir einzurei-
chen haben, damit man wiße, wie
viel eigentlich von einem und dem
andern zu verschreiben nöthig seyn
dürfte.

Um aber auch dabey die Einwohner
hiesiger Lande zur Cultur der Maulbeerbäume und des Seidenbaues
von neuen zu ermuntern, und denenjenigen, so deßen bedürfen, mit nöthi-
gen

gen Unterricht zu statten zu kommen,
ist zu deren Besten die in der Bey-
fuge sub B. hiernachstehende schon im
Jahr 1754. bekannt gemachte Anweisung zur Cultur der weissen Maulbeerbäume, nochmahls mit allem
Fleiß durchgegangen, und nach denen
von glaubwürdigen Haußwirthen diesfalls angestellten Versuchen, und gemachten Erfahrungen eingerichtet und
verbeßert, benebst der ebenfalls bereits
im Jahr 1754. erlaßenen Anweisung,
was bey Zucht und Wartung der
Seidenwürmer vornehmlich zu beobachten, und wie die Seide zuzubereit-
ten, wiederum in Druck gegeben worden.

Wobey endlich noch denenjenigen,
welche etwan künftighin den Seidenbau in kleinen betreiben wollen, zur
Nachricht dienet, daß sie sich mit ihren erzeugten Cocons, entweder an
den auf der Churfürstlichen Maulbeer-
baum-Plantage zu Hosterwitz befindlichen Pachter Portal, oder an die
Besitzer der Ritter-Güther Wölka
und Dahlen, wenden können, und
allda entweder zum Verkauf ihrer
Cocons,

Cocons, oder zu deren Abhaſpelung,
alle annehmliche Bedingungen finden
werden. Dreßden, am 19. Sept.
1770.

Chur-Fürſtl. Sächßiſche
Landes: Oeconomie-Ma-
nufactur- und Commer-
cien-Deputation.

A.

Weyl. Ihrer
Königl. Majest. in Pohlen
und
Chur-Fürstl. Durchl. zu
Sachßen, rc.

HERRN
Friedrich Augusts
rc. rc.

MANDAT,

wegen
Anlegung derer Plantagen
von
Maulbeer-Bäumen.

Ergangen
De Dato Dreßden, den 6. Augusti

Ao. 1754.

Wir, Friedrich August, von
Gottes Gnaden, König in
Pohlen, und Chur-Fürst zu Sach-
sen, :c.

Entbiethen allen und jeden Unseren
Prælaten, Grafen, Herren, denen von
der Ritterschafft, Ober-Creyß-Haupt-
und Amtleuten, Schössern und Verwal-
tern, Bürgermeistern und Räthen in
Städten, Richtern und Schultheißen in
Flecken und Dörffern, wie auch allen Unseren Unterthanen, Unsern Gruß, Gna-
de und geneigten Willen, und fügen denenselben hiermit zu wissen, es ist ihnen
auch schon vorhin bekannt, wie Wir, vom
Anfange Unserer Regierung, die Con-
servation und immer weitere Emporhe-
bung derer, durch göttlichen Seegen, in
Unseren Landen florirenden mannigfalti-
gen Fabriqven und Manufacturen, eine
Unserer vornehmsten Angelegenheiten beständig seyn lassen, und erachten unter
denenselben insonderheit auch die, theils
von geraumer Zeit schon in Umtrieb stehende, theils erst seit kurtzen neuerlich
hin und wieder angelegte mancherley Sei-
den-Fabriqven, aller Aufmercksamkeit
um so mehr würdig, als dergleichen Waaren zum Gebrauch einer grossen Menge

Landes

Landes-Einwohner, dermahlen bey nahe
unentbehrlich seyn wollen, mithin dafür
sehr beträchtliche Summen baaren Gel-
des von Zeit zu Zeit auswärts gehen,
welche, wenn das Bedürffniß von solcher-
ley Waaren im Lande zu verschaffen, zur
innern Circulation und daraus fliessen-
den allgemeinen Nußen sämmtlicher ge-
treuer Unterthanen, guten Theils füglich
zurück behalten werden könnten. Finden
aber, so lange die Entrepreneurs dißeitiger Fabriqven, das darzu gebrauchende Materiale an roher Seide von weiten
her mit schweren Kosten herbey zu hohlen,
sich gemüßiget sehen, die Erreichung obi-
gen heilsamen Endzwecks annoch aller-
dings entfernet, und sind daher, in Lan-
des-Väterlicher Absicht auf Vermehrung
des hierunter unstreitig verfirenden In-
teresse publici, gnädigst entschloßen,
alle biensame Anstalten und Mittel dahin
vorzukehren, damit der Seiden-Bau hier
zu Lande selbst durchgehends angestellet
werden, und folglich die benöthigte rohe
Seide mit der Zeit in civilerem Preiß
zu haben seyn möge.

Je ungezweiffelter nun, zu Anzie-
hung und Fortpflanßung derer Maulbeer-Bäume, das Clima in Unsern Landen nicht unbequem, so wie auch der Grund
und Boden darzu meist aller Orten gnugsam

sam geschickt ist, und je grösserer Vortheil
aus dergleichen Plantagen und deren
Cultur vor diejenigen, die sich darauf
mit Ernst appliciren, und überhaupt
vor das Publicum mit der Zeit gewiß
zu erwarten stehet, als wobey zugleich
alte Leute und junge- zu andern Verrich-
tungen sonst nicht zu gebrauchende Kinder
ihre Beschäfftigung und guten Verdienst
finden;

Desto mehr versehen Wir Uns zu
Unseren getreuen Vasallen und Unterthanen sammt und sonders, es werde ein jeder von ihnen deme gehorsamlich nachzu-
kommen sich bestreben, was Wir zu Aus-
führung sothanen gemeinnützlichen Vor-
habens, der Nothdurfft befunden.

Setzen, ordnen und befehlen dem-
nach, daß erwehnte Unsere Vasallen, Be-
amte, Stadt-Räthe, wie auch die übrige Gerichts- und Unter-Obrigkeiten, nicht
nur die Unterthanen durchgehends, zu
Anlegung und Fortpflantzung weisser
Maulbeer-Bäume, so viel, nach Beschaffenheit jeden Orts Umstände und Gelegenheit, sich nur immer thun lassen will,
möglichsten Fleisses aufmuntern und an-
halten, sondern auch benenselben an ihrem Theile mit guten Exempel hierunter selbst vorgehen, besonders die Magi-
strate in Städten, Gerichts-Obrigkeiten
und

und Gemeinden, Pfarrer und Schulmei-
ster auf dem Lande, auch Hospitale und
andere mit Grund-Stücken versehene pia
corpora, auf ihren publiqven Plätzen,
Angern, Zwingern, Gärten, Kirchhöfen,
und so ferner, entweder selbst unverzüg-
lich den Anfang machen, oder wenigstens
dergleichen Plätze an andere, die zu so-
thanem Etablissement Lust bezeigen, auf
deren Anmelden, gegen billige und leid-
liche Conditiones, ohne Schwierigkeit
überlassen sollen.

Damit aber, wie sich bey Anzieh-
ung derer weissen Maulbeer-Bäume, sowohl blos durch Saamen, als durch deren Pflantzung und Fortsetzung, allenthalben zu verhalten, nichtminder was
künfftig bey Zucht und Wartung derer
Seiden-Würmer vornehmlich zu beobachten, und wie hernach die Cultur der
Seide an sich zu tractiren sey, jedermann
desto besser wissen möge, wird die von Uns
zu Besorgung des Commercien-We-
sens verordnete Deputation über alles
und jedes eine ausführliche Nachricht und
Anweisung durch den Druck bekannt machen, und ohnentgeltlich ausgeben lassen,
eben dieselbe auch vor Herbeyschaffung
einer gewissen Quantität weissen Maulbeer-Saamens, nichtweniger mit der
Zeit vor Seiden-Würmer-Eyer selbst be-

B   sorgt

forgt ſeyn, um damit zu Anfange denen
bedürfftigen Unterthanen, ſo dergleichen
verlangen, allenfalls ohne einige Bezahlung, zu ſtatten zu kommen.

Und wie Wir übrigens die Beſor-
gung dißeitiger Einrichtung, unter Di-
rection Unſerer Commercien-Deputation, einer beſondern Perſon dahin
aufzutragen gemeinet ſind, daß dieſelbe
in nöthiger Unterrichtung und ſpecieller
Anweiſung, wie bey der Maulbeer-Baum-
und der Seiden-Cultur ſelbſt, eigentlich
procediret werden müſſe, jedermann
mit Rath und That treulich an Handen
gehen, auch wohl ſich zu dem Ende an
die Orte, wohin es nöthig, in Perſon
verfügen ſolle, demnächſt auch unvergeßen
ſeyn werden, wegen allen deſſen, was
hierunter künfftig noch, vorkommenden
Umſtänden nach, erforderlich ſeyn könnte,
zu ſeiner Zeit weiter gemeſſene Vorſehung
zu thun;

Alſo haben Wir nichtweniger vor
jetzo, zu mehrerer Beſchleunigung ſotha-
nen Etabliſſements, gehörigen Ortes
bereits die Verfügung getroffen, daß
bey Unſeren Aemtern, Schlöſſern und
Vorwergken, in denen darzu gehörigen
Gärten und auf andern ſchicklichen Plätzen, ſoweit es nur immer practicable
zu machen, von weiſſen Maulbeer-Bäumen,

men, tüchtige Baum-Schulen hin und
wieder in hinlänglicher Anzahl des för-
dersamsten angeleget, und daraus sodann
diejenigen, welche des geschwindern Fort-
kommens halber, bereits gezogene junge
Bäume suchen, damit billig und um leid-
lichen Preiß versorget werden sollen, sind
aber auch von Unsern treu-gehorsamsten
Vasallen und denen übrigen Gerichts-
Obrigkeiten, wie auch von andern begü-
terten Landes-Innwohner, so darzu Raum
und Gelegenheit haben, zuverläßig ge-
wärtig, sie werden, nach ihrem zu des
Landes Besten mehrmahlen bezeigten pa-
triotischen Eyfer sich hierinnen zu Unsern gnädigsten Gefallen werckthätig bezeigen, und folglich ihres Orts zu Anlegung zahlreicher Baum-Schulen von
weissen Maulbeer-Bäumen, woraus andere das Bedürffniß erhohlen können,
auch, wo es thunlich, zu Errichtung gan-
ßer Plantagen davon, je eher je besser,
verschreiten, mithin dieses heilsame Vorhaben nach allen Kräfften zu befördern,
bemühet leben:

Immaßen Uns eine hierunter ver-
spührende vorzügliche Beeiferung zu be-
sonderer Zufriedenheit gereichen wird,
und Wir im übrigen wieder alle Freveler,
welche dergleichen Plantagen, Baum-
Schulen, oder sonst an öffentlichen Orten

gepflanßte

gepflantzte Maulbeer-Bäume muthwillig
zu beschädigen, zu verwüsten, oder gar
dieblich zu entwenden, sich unterstehen
sollten, gleich wieder diejenige, die sich
an Unsern eigenen Waldungen und Ge-
heegen vergriffen, nach aller Strenge verfahren zu lassen, fest und ernstlich ent-
schlossen sind. Wornach sich also zu achten,
und es wird daran Unser Wille und Mei-
nung vollbracht.

Zu Uhrkund dessen haben Wir dieses offene Mandat eigenhändig unter-
schrieben, und Unser Cantzley-Secret
vorzudrucken befohlen. So geschehen
zu Dreßden, am 6ten August. 1754.

AUGUSTUS REX.

(L. S.)

Erasmus Leopold von Gerßdorff.

B.

Deutliche

Anweisung,

wie sich

bey Anziehung derer weissen

Maulbeerbäume,

sowol blos durch Saamen,

als durch deren

Pflantzung und Fortsetzung

allenthalben zu verhalten;

ingleichen,

was bey Zucht und Wartung

der Seidenwürmer

vornämlich zu beobachten,

und

wie die Seide zu zubereiten.

Erste Abhandlung,
von der
Maulbeerbaum-Zucht.

Das erste Capitel.
Von den Maulbeerbäumen
überhaupt, und von deren
Saamen.

§. 1.

Es giebet überhaupt zweyerley Gat- Vom Un- tungen von Maulbeerbäumen, terschied der Maul- nemlich die schwarzen und die weißen. beerbäu- Allhier wird blos von den weißen gehan- me. delt werden, weil diese Art für die Füt- terung der Seidenwürmer die tauglichste ist, und der Kälte in hiesigem Himmels- striche weit besser, als die schwarze wie- derstehet. Die Seidenwürmer freßen zwar die Blätter der schwarzen auch, und man giebt sie ihnen selbst in Frankreich und Italien; jedoch blos aus Mangel der weißen, weil aus der Erfahrung be- stätigt ist, daß der damit ernährte Sei-

den-

denwurm eine viel gröbere und spröbere
Seide spinnt. Der weiße Maulbeerbaum ist dem schwarzen bey nahe ganz
ähnlich, nur daß seine Rinde hellbraun,
seine Blätter weicher und licht-grün sind,
und kleinere, geblicht-weiße, oder röthliche
und graue Beeren drauf wachsen. Er
ist von sehr harter Natur, und wiederste-
het, wenn er einmal in einer ihm gehörigen Lage und Boden gut angewachsen ist,
dem Froste beßer, als irgend ein ande-
rer Obstbaum. Das Holz von demsel-
ben ist wegen seiner Härte, sowohl zur
Feuerung, als auch zu Nußholze, wohl
zu gebrauchen. Man behauptet, daß
aus beßen Baste guter Flachs zubereitet
werden kann, welches jedoch, weil man
es nicht selbst versucht hat, und nichts,
als was durch Erfahrung, oder unum-
stößliche Gründe geprüft worden, allhier
anzurühmen, sich zur Grundregel gemacht
hat, nicht für gewiß behauptet werden
kann. Die Blätter dieses weißen Maul-
beerbaums, sind die einige und ordentliche Speise des Seidenwurms. Das
Laub davon, wenn es zu Ende des Herbsts
abfällt, zusammen gerecht, und wohl getrocknet, ist den Winter über, ein gesun-
des und angenehmes Futter für Rind-
und Schaafvieh.

§. 2.

§. 2.

Sollten irgendwo schon alte und starke Wie der
Saamen zu
gewinnen.
tragbare weiße Maulbeerbäume sich fin-
den, so ist die Art, den Saamen aus
den Beeren, in denen die Saamenkörner verborgen sind, zu erhalten, folgende: Man erwählet nemlich einen gesunden weißen Maulbeerbaum, der schöne
große Blätter hat; Diesen hütet man,
so viel möglich, sorgfältig für den Vö-
geln. Wenn die Beeren daran so reif
worden, daß sie von selbst abfallen, brei-
tet man ein Tuch unter den Baum, und
läßt die Beere einige Tage nacheinander
abschütteln. Hierauf kann man auf zweyerley Art den Saamen von den Beeren
absondern. Man läßt entweder die Beeren 3. bis 4. Tage in einem Gefäse, an
einem etwas warmen Orte stehen, daß
sie weich werden, thut sodann solche in eine starke Leinwand, und preßt mit den
Händen, den Saft aus, der entweder
zu einem dicken Syrop gekocht, oder,
wenn man ihn gähren läßt, zu einem guten Eßig gemacht werden kann. Dasje-
nige aber, was in der Leinwand zurück-
geblieben, wäscht man in einem Durch-
schlage, den man in eine tiefe Schüßel
mit Waßer hält, wohl aus, und wenn
auf solche Weise, die Saamenkörner
durch den Durchschlag in die Schüßel mit

B 5   Waßer

Waßer gefallen ſind, gießt man das Waßer davon ab, trocknet die Körner an einem luftigen und ſchattigen Ort, und hebt ſie bis zur Saatzeit auf. Oder, wenn dieſe Art nicht gefällig wäre, und man den Saft von den Beeren nicht verlangte, dürfen letztere nur in der Sonne recht getrocknet, und entweder in der Hand, damit der Saamen herausfällt, gerieben, oder auf nur beſchriebene Art ausgewaſchen werden.

Das zweyte Capitel.

Von Säung des Maulbeerſaamens und Wartung der jungen Maulbeerbäume im Saamenbeete.

§. 1.

Was vor Boden zum Saamenbeete zu erwählen. Obſchon der Maulbeerbaum in jedem Boden wächſt, ſo werden doch diejenigen am beſten verfahren, die zum Saamenbeete, eine gute mürbe, ſchwarze Erde ausſuchen, welche von der Mitternachtſeite, und vor den rauhen Winden geſchützt iſt, und vollkommen Sonne hat.

§. 2.

§. 2.

Die Zubereitung des Saamenbeetes, Wie das Saamen-beete zu zubereiten. kann entweder im Herbst, oder im Frühjahre geschehen; Jedoch ist ersteres vorzüglich anzurathen: und muß man in solchem Fall, nemlich im Herbst, die Erde 2. bis 2.½. Fuß rejolen, und mit sehr kurtzem Schaaf- oder Kuh-Miste, oder welches noch zuträglicher, mit gutem Schlamme, oder Mist-Beet-Erde vermischen. Zu Anfang des Aprilis aber, ist das Land wieder umzugraben, damit das Unkraut nicht überhand nehme, und im Monath Maji endlich, wenn keine Nacht-Fröste mehr zu besorgen, muß es zum letztenmahle gegraben, in Beete, von 4. Fuß breit, abgetheilet, und alsdenn so wohl gehackt werden, daß kein Erden-Klos mehr, der den zarten Pflantzen an Wachsthum hinderlich seyn könne, gantz bleibe. Will man hingegen das Saamenbeet nur erst im Frühjahre zurichten, so muß man nicht viel, und noch weniger frischen Mist dazu nehmen, übrigens mit der Zurichtung des Erdreichs, eben auf die Art zu Wercke gehen, als mit dem Lande, in welches Salat, Kohl, Kraut, und Welschkohl gesäet werden soll. Alte abgenutzte, und nicht mehr zu brauchende Spargel-Beete können hierzu mit vorzüglichen Nutzen anges

angewendet werden. Es ist aber keines-
weges rathſam, dieſen Saamen ins
Miſtbeet zu ſäen, weil die darinnen ge-
zogenen Pflanßen zu geil ſtehen, und
nachgehends gar nicht, oder doch ſehr
ſchwer, in den Baum-Schulen fortkommen.

§. 3.

Wie der Saame zu ſäen. Wann die Zurichtung des Saamenbeetes auf vorgeſchriebene Art geſchehen
iſt, kann ohne fernern Anſtand, das
Säen ſelbſt, und zwar an einem Tage,
an dem es nicht zu windig iſt, vorgenommen werden. Ehe aber der Saame
ausgeſäet wird, muß man ihn drey Tage vorher in friſchem Waßer liegen laſſen, und nachmahls mit Sande reichlich
mengen. Mit der Säung dieſes Sáa-
mens ſelbſt, verfahren einige, ſo wie es
auch die beſte Art iſt, dergeſtalt, daß ſie
auf dem Saamenbeete 4. Reihen, in
gleicher Weite von einander, und auf
jeder Reihe einen kleinen $1\frac{1}{2}$ Zoll tiefen
Graben machen, den Saamen in dieſe
kleine Graben ſtreuen, leßtere auch mit
feiner Blumen-Erde aus den Miſtbee-
ten, oder mit Holz-Erde meiſtens zu-
füllen, und endlich das Beete mit Fluß-
oder andern von der Sonne erwärmten
Waßer, mäßig beſprengen. Allein, ſo
wohl

wohl in Franckreich, als in Italien, ver=
fährt man viel kürtzer mit diesem Aussä=
en. Man macht nehmlich keine kleinen
Grüben mit der Hand in das Saamen=
beet, sondern säet den Saamen, wenn
er, wie obgedacht, mit Sande reichlich
vermischet worden, wie andere Säme=
reyen, auf das Beet aus, und, wenn
dieses geschehen, stößet man mit einem
spitzigen Hacken, lauter Löcher, zu einem
reichlichen Zoll tief, und in einer Ent=
fernung von 3. Qver=Fingern auseinan=
der, in das Saamenbeet, und streicht
sodann mit Behutsamkeit das Beet also,
daß nicht zu viel Saamen in ein Loch
komme, sondern er gut zertheilet werde,
wiederum gleich.

§. 4.

Gemeiniglich pflegt der Maulbeer= *Von War=*
Saamen, nachdem etwas kalte oder war= *tung des*
me Witterung einfällt, in ohngefehr 3. *Saamen=*
Wochen aufzugehen. Die Wartung, *beetes im*
die sowohl vorher, als nachdem der Saa= *ersten Jahr*
me aufgegangen ist, dabey beobachtet
werden muß, bestehet hauptsächlich dar=
innen, daß eines Theils das Saamen=
beet fleißig von Unkraut zu säubern,
damit nicht die jungen Bäume darunter
ersticken, und ihnen dadurch der Nah=
rungs=Safft entzogen werde; und an=

bern

dern Theils, daß das Saamenbeet
den ersten ganzen Sommer hindurch, von
Zeit des Ausſäens, bis in die Mitte des
Auguſts, länger aber nicht, wenn es
nicht regnet, alle Tage 2. mahl, nehmlich früh, und gegen Abend, gelind begoßen werden muß. Von der Zeit des
Ausſäens an, bis da der Saamen auf-
gehet, pflegen einige die kleinen Gruben
mit Mooſe zu bedecken, welches zwar bey
heiſer Witterung nützlich, bey ſehr regne-
riſchen Wetter aber, eben ſo ſchädlich iſt.
Desgleichen iſt das Bedecken in Sommer vor der Hitze, und im Winter vor
der Kälte mit Stroh-Matten nicht anzurathen, weiln es die Bäumgen zu
zärtlich und weichlich macht. Wollte
man ja bey zu befürchtenden harten Winter, die jungen Stämmchen bedecken, ſo
müſte es mit Tannen-Reißig, und Na-
del-Streu geſchehen, als worunter ſich
kein Ungeziefer aufzuhalten pflegt.

§. 5.

Von War-
tung des
Saamen-
beetes im
andern
Jahre.
Das vormahls anempfohlne Abſchneiden der jungen Bäumgen im zweyten
Jahre, zu zweyen Qver-Fingern breit,
über der Erde, wird aus Erfahrung ge-
mißbilliget, beſonders in Anſehung derje-
nigen Stämmchen, ſo zu wohl gewachßß-
nen Bäumen gezogen werden ſollen;
Dan-

Dannenhero solches Abschneiden auch
eben so wenig bey Verpflantzung in die
Baum-Schulen angerathen werden mag.
Allenfalls kann solches lediglich bey denjenigen Stämmchen geschehen, die zu
niedrigen Keßel-Bäumen und Hecken
bestimmt sind, weil durch das wieder-
hohlte Abschneiden eines Stammes, die
Vervielfältigung der Aeste erlangt wird.
In diesem zweyten Jahre begießet man
die Pflantzen sehr wenig, und nur bey
außerordentlich trockner Witterung zu
dem Ende, damit die Pflantze im andern
Jahre festes Holtz bekomme, worauf in
unsern Gegenden bey öfters harten Win-
tern, besonders zu sehen ist. Hiernächst
hat man, wie es §. 4. des ersten Jahres
wegen angeordnet ist, so auch im andern
Jahre, wohl Acht zu haben, daß das
Saamenbeet sorgfältig von dem Grase und Unkraute gereiniget werde; und,
woferne man einige Pflantzen zu dicht
stehen findet, kann man die schwächsten
davon, in dem andern Frühjahre aus-
reißen, und sie in ein neues Beet, eine
Hand breit von einander pflantzen.

§. 6.

Da es endlich gewisse Würmer giebet, Von Aus-
welche, wie aus der Erfahrung bekannt rottung
schädli-
wor- cher Wür-

worden (*), denen Maulbeerbäumen
sehr schädlich sind, und die Wurzeln zer-
freßen, daß die Pflantzen oder Bäumgen darvon vertrocknen, so hat man auch
darauf wohl Acht zu haben. Diese Würmer haben sechs Füsse, und sehen zum
theil braun, zum theil gelb, und sonst
fast, wie die Ohrwürmer aus. Sie sind
sehr hart und glänzend vom Leibe, und
haben ein dergestalt scharffes Gebiß, daß
sie, wenn man sie in zugeschlossener Hand
hält, wie die Blutegel ansaugen, und
solche Schmertzen machen, daß man sie
wegwerfen muß. Das Mittel, so man
zur Zeit gegen solche Würmer gebrauchet,
bestehet in folgenden: Man weichet Vi-
cebohnen in Flußwasser, oder, welches
noch besser ist, in Regenwasser, drey-
mahl 24. Stunden ein, machet sodann
auf dem Beete, wo sich die Würmer
durch Ruinirung der jungen Bäumgen
marqviret, eine Furche von 1½. Zoll tief,
legt in selbige die eingeweichten Bohnen
2 bis 3 Finger breit von einander, bedeckt

(*) Man findet eine kurze Nachricht und Anweisung von diesen vormals unbekann-
ten Feinden der Maulbeerbaum-Plan-
tagen, und wie dieselben auszurotten
sind, in den braunschweigischen Anzei-
gen vom Jahr 1754. im 62 Stück.

deckt solche wieder mit Erde, und begießt
sie mit Wasser aus einer Gießkanne.
Dieses also zubereitete Beete lässet man
3. bis 4. Tage ruhig liegen, hernach öff-
net man die Furche, wo man diese Würmer in häufiger Menge an denen Bohnen, welche sie durchnagen, finden wird,
und sie sodann mit Bequemlichkeit tödten kan. Man nimmt hierauf die aus-
gefressenen Bohnen weg, und leget frische an deren Stelle, und fähret so lange
damit fort, bis besagte Würmer völlig
ausgerottet sind, und man keinen Schaden weiter von ihnen spüret. Hierbey
muß man aber wohl Achtung geben, daß
die Bohnen, welche von den Würmern
nicht gefressen worden und aufgehen, fleis-
sig ausgerissen werden, damit sie denen
jungen Maulbeerbäumgen die Nahrung
nicht entziehen.

Das dritte Capitel.
Von Anlegung der Baum-Schu-
len, und Wartung der Maulbeerbäume in selbigen.

§. 1.

Das Erdreich, welches zu einer dergleichen Baum-Schule bestimmt
wird, ist eben so, wie bey jungen Obst-
Baum-

Von dem
Boden
zu den
Baum-
schulen.

C

Baum-Schulen, zu behandeln. Es
wird nach Beschaffenheit des Bodens,
weniger, oder mehr tief, vor Winters
rejolt, im Frühjahre wieder klahr umgraben, und von Quecken und grosen
Erd-Klösern gesäubert. Kein frischer
Mist muß nicht dazu genommen werden;
auch ist, wie bey andern Baum-Schulen
geschicht, das Erdreich nicht so fett und
gut zuzurichten, da die Bäume dadurch
zu sehr verwöhnt werden, und bey Versetzung in schlechtern Boden, viele davon
zurückgehen würden. In Ansehung der
Lage, muß die Baum-Schule für Nord-
Winden gedeckt seyn.

§. 2.

Von Ausrichtung des Landes zur Baumschule.

In dieser Baum-Schule werden im
Frühjahre, die jungen Pflanzen, so wie
in andern Baum-Schulen, in Gruben
oder Lauf-Graben, die 1. Fuß breit, und
2. Fuß tief sind, dergestalt gesetzt, daß
von einem Stämmchen zum andern, in
der Lienie, und von einem Lauff-Graben
oder einer Grube, bis zu der andern,
1. Elle frey bleibe, als wodurch jedes
Bäumgen Raum und Erdreich genug
um sich gewinnt, seine Wurzeln ausbreiten zu können: Es dienet diese Entfer-
nung aber auch darzu, daß in diesem und
folgendem Jahre, das Erdreich in den
Gängen und Zwischen-Räumen aufge-
lockert

lockert, und mit kleinen Häckgen von allem Grase und Unkraute gereinigt werden kann, als welches fleißig und öfters zu beobachten ist.

§. 3.

Bey der Verpflantzung aus dem Saamen-Beete, in die Schule, werden die Pfläntzgen mit aller Sorgfalt herausgenommen, damit die Wurtzeln nicht Schaden leiden, und kann man, um das Erdreich gelinder zu machen, und die Wurtzeln desto leichter ausheben zu können, solches vorher starck begießen. Die Wurtzeln und Fäschen werden etwas wenig abgeschnitten, und dem Stämmchen alle Zweige, bis auf den gesundesten und stärcksten, oder geradesten, genommen. Die Stämmchen aber müßen nicht allzutief, ohngefehr zu ¼. Fuß, in die Erde gesetzt, und die Wurtzeln mit klahrer Erde, wohl umgeben werden, daß keine Hohlungen darum entstehen.

(Marginal: Von Pflantzung der Bäumgen in die Baumschule.)

§. 4.

In diesem ersten Jahre ist weiter nichts in der Baum-Schule zu thun, als die Stämmchen von den Neben-Zweigen dicht und glatt am Stamm zu reinigen, und den Erdboden öffters aufzulockern, auch von Grase und Unkraute wohl zu säubern.

(Marginal: Von Wartung der Baumschule im ersten Jahr.)

§. 5.

Von
Wartung
der
Baum-
schule im
2ten und
3ten Jah-
re.

Im 2. und 3.ten Frühjahre, wird
eben das, was im erſten geſchehen, beobachtet. Wenn nun im 3. oder 4.ten
Frühjahre die Stämmchen eine hinläng-
liche Größe und Stärcke erlangt haben,
ſo iſt man beſchäfftigt, an jedem Stamme, welcher über 7., höchſtens 8. Fuß
hoch nicht ſeyn muß, eine ſchöne Crone
zuziehen, dergeſtalt, daß die jungen Aeſt-
chen, aus welchen ſie beſtehen ſoll, alle
aus der Mitte des Stämmchens heraus-
wachſen müßen. Ueberhaupt iſt als eine
allgemeine Regel wohl zu mercken, daß
der junge Maulbeerbaum, ſo lange er in
der Baum-Schule bleibt, allda ſehr wenig, und nur bey außerordentlich trockner Witterung, begoßen, das Erdreich
aber öffters behackt, und von allem Unkraute und Graſe rein gehalten werden
muß. So lange die Bäumchen noch
keine Cronen haben, iſt es unnöthig, ihnen Pfähle zu geben, weil ſie alsdann
vom Winde noch keinen Schaden leiden,
und mögen ſie höchſtens nur an Qver-
latten gebunden werden.

§. 6.

Von der
Impfung
oder dem
Oculiren
der Maul-
beerbäu-
men.

In dieſer Baum-Schule werden mit
der Zeit, verſchiedene Arten von Blättern ſich finden, worunter hauptſächlich
die kleinen ſchmahlen, tief eingeſchnitte-
nen

ren, lappigen, und dem Petersilien-
Blatte ähnlichen, für eine den Sei-
den-Würmern unschmackhaffte, auch
wohl gar schädliche Nahrung mit
Recht gehalten werden. Es ist kein
Zweifel, daß eben diese Art, sich mit
der Zeit verändert, und der Baum
große, runde, und fette Blätter bekommt,
wenn er nur versetzt, die Erde darum offt
umgraben, und die Crone, damit die
Sonne auf jedes Blatt würken könne,
verständig ausgeschnitten wird; Allein
man hält dafür, daß dieser Endzweck
durch das Impfen solcher jungen Bäumchen mit Zweigen von guter Art, weit
eher erreicht wird.

Von der besten Art zu impfen ist
bis anhero folgendes bekannt: Man
nimmt einen Zweig, oder ein Auge von
einem Maulbeerbaume, der große, runde, breite, fette, und gute Blätter hat,
und impfet damit die jungen Bäumchen,
so kleine schmahle, und auf obbeschriebene
Art Petersilien ähnliche Blätter haben,
dergestalt, daß der Zweig des guten Bau-
mes, ohngefähr in der Dicke eines Schwa-
nen-Kiels, Anfangs auf beyden Seiten so
weit, daß er etwa nur 2. oder 3. Augen behält, abgeschnitten, und von diesen Augen sodann eines abgeweibelt, oder
mit dem Finger, in der Form eines

C 3 Pfeif-

Pfeifgens von der Rinde entblößt wird.
Hierauf schneidet man den Stamm, den
man impfen will, soweit ab, daß das
Pfeifgen, wenn die Rinde vom Stamm
abgelößt ist, genau darauf paße, und
die Rinde des Stammes, wenn das
Pfeifgen auf denselben gesteckt wird, so
dicht daran anschließe, als ob sie zusammen gewachsen wären: Da es denn endlich ein wenig mit Baste gebunden wird,
damit das Pfeifgen genau am Holße des
Stammes anschließe, und das Auge be-
kommen möge. In einigen Wochen darauf muß man den Bast etwas nachlaßen,
damit er, wenn das Holß wächßt, nicht
zu sehr einschneide, und das Wachsthum
hindere; So bald aber die Augen bekom-
men sind, darf man nur das beste laßen,
und die übrigen wegschneiden.

Diese Art zu impfen, welche die Gärthner, mit der Flöte inoculiren nennen,
kann übrigens sowohl an jungen Bäumchen in der Baum-Schule, als auch an
Bäumen, so schon ins freye gepflanzet
sind, vorgenommen werden, und muß sie
nur, wenn der Baum schon stark ist, an
etlichen Zweigen, und nicht am Stamme
geschehen. Die Zeit im Jahre, da man
diese Impfung vornimmt, ist im Früh-
Jahre sobald der Baum im ersten Safft
stehet, und die Rinde sich leicht ablößt.

Die-

Dieweiln aber diese Art bey der Impfung der Maulbeerbäume zu verfahren,
mit der grösten Behutsamkeit geschehen
muß, und öffters mißlingt, so dürffte viel-
leicht auch nur das gewöhnliche Pfropfen
und Oculiren, welches die mehresten
Gärthner wißen, bey den Maulbeerbäumen vorzuziehen seyn.

Das vierte Capitel.

Von Verpflantzung der Maul-
beerbäume ins Freye, und wie
sie alsdann zuwarten:

§. 1.

Die jungen Maulbeerbäume dürfen
nicht eher, als im 5ten Früh-Jahre, von der Zeit an zu rechnen, da sie in
die Baum-Schule gesetzt worden, oder
im 7ten Früh-Jahre von der Zeit des
Aussäens anzurechnen, mithin wenn sie
6. Jahr alt sind, in das freye Feld versetzt werden. Jedoch ist hier öffters eine
Ausnahme, daß auch dergleichen Bäumchen, wenn sie gut gewartet werden, ein,
ja wohl zwey Jahre früher, versetzet werden können.

*Wie und
zu welcher
Jahres-
zeit die
Bäume zu
verpflan-
tzen.*

Die Verpflantzung mag das gantze Früh-Jahr hindurch, von der Zeit an, da die stärksten Fröste nicht mehr zu besorgen sind, bis der Maulbeerbaum ausschlagen will, geschehen. Doch kann man sie auch im Herbste vornehmen, und ist selbst diese letztere in hiesigen Landen, bey verschiedenen Versuchen, wohl gerathen: Wobey jedoch wegen etwa einfallenden strengen Winters, die Vorsicht zu gebrauchen, daß man die Stämmchen mit Stroh umwickelt, und die Wurtzeln durch Belegung der Löcher mit Streu, oder strohigem Miste, so im Früh-Jahre wieder weggenommen wird, vor der allzugroßen Strenge bewahrt. Diejenigen Bäume, so im Früh-Jahre gesetzt werden, müßen nicht nur, nachdem sie gesetzt, scharf angegoßen, sondern auch bey anhaltender trockner Witterung, wenigstens 2. bis 3. mahl wöchentlich begoßen werden, welches, wenn häuffige und warme Regen kommen, unterbleibt, bey großer Dürre aber auch im Sommer, das erste Jahr wieder hohlet werden muß.

§. 2.

In welchen Boden und an was für Orten die Bäu

Die Maulbeerbäume kommen fast in jedem Erdboden fort, nur mit dem Unterschiede, daß sie in gutem Boden, und besonders an der Sommer-Lage hurtiger

und

und beßer, in schlechten aber langsamer und weniger zunehmen. Das beste Erd‐reich für den Maulbeerbaum, ist, ein nicht zu magrer Sand, und ein lockerer schwarzer oder grauer Boden. Er kömmt auch in leimigen und thonigen Erdreiche, obgleich mit mehrerer Mühe, fort. Selbst in dem unfruchtbarsten Sande kömmt er fort, wenn man beym Setzen die Löcher mit gutem Schlamme, verfaulten Rasen, oder sonst guten Boden erst ausfüllt, um ihn in den ersten Jahren zum guten und geschwinden‐Wachsthume zu bringen. Kann man ihm nach Verfluß von drey Jahren wiederum in jedes Baum‐Loch 3. bis 4. Schubkarren dergleichen guten Schlamm, oder verfaulte Düngung ge‐ben, so wird es zu seinem Wuchs viel bey‐tragen.

Wann der Baum nur einmahl gut bestanden ist, so findet er alsdenn mit seinen weiter sich ausbreitenden Wur‐tzeln, auch in dem schlechtesten Sande, Nahrung. Nur die sumpfigen Plätze, wo die Wurtzeln in einer beständigen Feuchtigkeit stehen, und derjenige Boden, wo die Wurtzel, wenn sie sich ausbreiten will, Schiefer, oder Stein und Feltzen findet, ist dem Maulbeerbaum völlig ent‐gegen.

C 5

Die

Die Ufer der Ströhme, Bäche und Gräben, wenn sie erhöht genug sind, um nicht zu befürchten, daß ihre Wurzeln in den ersten 8. bis 10 Jahren das Waßer erreichen können; Desgleichen die Weinberge, Gärthen und Wiesen, so etwas hoch gelegen, schicken sich besonders gut für die Maulbeerbäume. Allenfalls kann man auch welche in die Trifften, an die Straßen, und auf die Feld-Reine, setzen, wenn sie nur weit genung auseinander stehen, und die Stämme so hoch sind, daß das Vieh die Blätter nicht erreichen kann.

§. 3.

Wie weit die Bäume auseinander zu setzen. Man mag aber nur einzelne Maulbeerbäume pflanzen, oder ganze Plantagen anlegen, so ist zu merken, daß jeder Baum in gutem Boden, wenigstens 18. Fuß und in etwas magern Erdreiche wohl auf 20. Fuß weit von dem andern entfernt seyn muß, damit die Wurzeln sich ausbreiten, und gnugsame Nahrung gewinnen können. Werden sie hingegen auf Feld-Reine gesetzt, so kann man ihnen auch 30. bis 40. und mehr Fuß, Platz geben, damit sie die Sonne nicht aufhalten, und mit ihren Schatten den Feldern nicht schaden.

§. 4.

§. 4.

Die Gruben, welche in dieser jetzt be-
schriebenen Weite, an dem hierzu auser-
sehnen Orte, wo möglich, vor Winters,
oder 3. bis 4. Monathe vor der Pflanz-
Zeit, gemacht werden, müßen jede 4. Fuß
ins Qvadrat, und 4. Fuß in die Tiefe
haben; Die Pfähle, woran die jungen
Bäume, nach Verlauf von 4. bis 6. Wochen, nachdem der Baum gesetzt ist, gebunden werden, müßen rund seyn, und,
wenn die Gruben gefüllt sind, 3. Fuß tief,
befestiget werden, ehe noch der Baum
gesetzt wird, weil, wenn man den Pfahl
erst hernach setzen wolle, die Wurzeln be-
schädigt werden möchten. Die Höhe jedes Pfahls, muß sich nach der Höhe des
Schaffts richten, und jeder Pfahl muß
3. qver Finger breit, wenigstens unter
der Crone, abgeschnitten werden, ohne
Rücksicht auf die Ersparniß, wenn das
Ende abgefault seyn würde, ihn von neu-
en unten mittelst zuspitzen, zu nutzen.
Daß der Pfahl niemals länger als der
Schafft sey, ist unumgänglich nothwendig, wenn anders schöne und freye Cronen, die den Maulbeerbaum, wie unten
erwiesen werden wird, so nothwendig sind,
gezogen werden sollen.

Wie die Gruben zu machen und von denen Pfählen.

§. 5.

Wenn die Zeit zur Verpflanzung da
ist,

Wie bey der Pflan-

zung selbst zu verfahren. ist, entweder im Früh-Jahre, oder im Herbste, verfährt man mit der Versetzung dieses Baums, so wie ein jeder Landwirth mit andern Arten von Bäumen zu thun gewohnt ist. Man beschneidet die ganz kleinen Würtzelchen und Fäserchen, die übrigen Wurtzeln aber, läßt man einen reichlichen Fuß lang, und schneidet das übrige also ab, daß der Schnitt auf der Erde zu stehen komme. Nur darf der Maulbeerbaum überhaupt nicht so tief, als ein andrer, immaßen seine Wurtzeln nur mittelmäßig bedeckt seyn müßen, gesetzt werden. Wenn er nebst seinem Pfahle steht, macht man um ihn herum, einen kleinen Graben in Form eines Cirkels, damit das Waßer nicht ab- sondern auf den Baum zu laufe, und endlich gießt man 2. Gärthner-Gieß-Kannen Waßer um ihn herum, und sucht ihn allezeit vom Unkraute rein zu halten.

§. 6.

Wie die gepflantzten Bäume im ersten Jahr zu warten. Die Wartung der ins Freye gepflantzten Maulbeerbäume bestehet im ersten Jahre darinnen, daß man selbige nach Verfluß von 3. bis 4. Wochen, anfänglich nicht fest, nach ohngefähr andern 4. Wochen aber, an ihre Pfähle sorgfältig anbindet.

Dafern

Daferne einige Bäume nicht in der
Spiße ausschlagen sollten, mag man sie,
bis an die zu oberst ausgeschlagenen Reiſſer, abſchneiden.

§. 7.

Im andern, dritten und vierten Jah- *Von der*
re, muß man darauf bedacht ſeyn, wie *Wartung*
man dem Baum eine ſchöne Crone ziehen *der ge-*
pflanzten
könne, welche ordentlich zwiſchen 6. und *Bäume*
im 2. 3. u.
7. Fuß, auf Aeckern, hohen Wieſen und *4ten Jah-*
andern Orten aber, wo Vieh hinkömmt, *re.*
zwiſchen 7. bis 8. Fuß, von der Erde
erſt anfangen muß.

Die Schönheit und Nußbarkeit dieſer
Crone, beſtehet darinne, daß ſie wie ein
wohlgezogener Keßelbaum, inwendig der
Sonne freye Wirkung gebe, und daß ſie
recht breit gezogen werde, weiln das Abſtreifeln der Blätter an den Horizon-
tal-Aeſten und Zweigen, viel leichter iſt.
Zu dem Ende werden im Früh-Jahre
des 2ten Jahres, ohngefähr im Monat
Maji, wenn die Bäume ausſchlagen,
und man die geſunden und friſchen Zweige und Aeſte von den verdorrten und erfrornen unterſcheiden kann, alle Reiſſer,
ſo in den Baum hinein wachßen, und
dem Abblatten hinderlich ſind, nebſt allen erfrornen und verdorrten Holße, ingleichen die Zweige, ſo entweder zu dicht

an

an einander wachsen, oder sich wohl gar
reiben, abgeschnitten. Hingegen werden alle herauswärts gehende Zweige,
sorgfältig geschonet, und in der Ziehung
der Crone, verfährt man wie bey einem
Keßelbaume. Diese Arbeit geschieht bey
starken Aesten mit der Baum-Säge, bey
schwachen aber, mit einem scharfen Messer, und auf eine oder die andre Art,
wird jederzeit sehr glatt und sauber, mit
dem Meßer hart am Stamme, oder Aste
abpolirt, damit nichts rauches und stachli-
ches sich ansetze, auch durch die Feuchtigkeit keine Fäulniß entstehen könne. Sie
braucht nur 2. bis 3. Jahr auf diese Art mit
Fleiß fortgesetzt, und diejenigen Aeste, so zur
Bildung der Crone beybehalten werden,
von allen stachlichen, filzigen und kleinen,
am Schnitte sich neu ansetzenden Laube,
frey und glatt gehalten zu werden, so ist
alsdenn an einem solchen Baume, in langen Jahren, nichts mehr zu thun. Alles aber hängt von der Sorgfalt ab, die
man auf den Baum, und die Bildung
seiner Crone wendet, damit die Luft darein würken könne, und sie häufige glat-
te Seiten-Aeste, die zum Abstreifeln ge-
mächlith sind, ansetze.
Jährlich im Herbste oder während des
Winters, wenn es der Frost zuläßt, muß der
Baum wie ein andrer Obstbaum, umge-
graben

graben werden. Kann man ihn bey
feuchter Witterung jährlich einmahl mit
ein paar Kannen Mist-Jauche begief-
fen, so wird man großen Nutzen davon
verspühren. Der Stamm und die Aeste
müßen sorgfältig von Moose gereinigt
werden. Bey guter Wartung, wenn
man ihn nehmlich umgräbt, und mit
Mist-Jauche begießt, wird sich dieses
Moos, nachdem der Stamm einmahl
gereinigt ist, sehr sparsam oder wohl
gar nicht mehr einstellen. Die Reißer
aber, so aus dem Stamm, oder aus den
Wurtzeln ausschlagen, werden im ersten
Jahre, da der Baum gesetzt worden,
erst nach dem zweyten Triebe, in den
folgenden Jahren aber, zu aller Zeit,
alle abgestochen. Die guten Reißer hingegen, werden durchgängig mit einem
scharfen Meßer, soweit sie den vergange-
nen Winter erfroren sind, wo das gesunde Holtz anfängt, eingestützt. Alle
diese vorgeschriebenen, wenig kostbaren,
und sich reichlich belohnenden Bemühun-
gen, sind unumgänglich nothwendig, und
müßen nicht vernachläßigt werden, wenn
man eine gesunde Fütterung für die Seidenwürmer erziehen, die Blätter mit
leichter Mühe und Verlag abstreifeln,
und die Bäume geschwind gedeyhen sehen will.

§. 8.

§. 8.

Mit den alten allzusehr in einander gewachsenen Bäumen verfährt man auf zweyerley Art. Diejenigen so noch Kräffte zu haben scheinen, kappt man hoch, an verschiedenen Aesten; Diejenigen aber, so wenig Kräffte haben, kappt man kurtz, und auch wohl wie die Weyden gäntzlich ab, und läßt sie auf dem Stamme aufs neue ausschlagen. Von den jungen Schößlingen sucht man eine Crone, worein Lufft und Sonne wirken können, zu. ziehen. Den Schnitt bestreicht man mit Leim, der mit Schaaf- und Kühmist vermengt wird.

§. 9.

Endlich ist zu merken daß man von Maulbeerbäumen auch Hecken anlegen, und die schlechtesten Stämmchen, wenn sie auch nur 2. bis 3. Jahr alt sind, darzu gebrauchen könne Sie werden, wie jede andre Hecke in Gräben angelegt, die wenigstens 2. Fuß ins Gevierdte breit und tief, wohl rejolt seyn müßen. Ist der Boden gar zu schlecht, so wird man, wie bey den Bäumen, wohl thun, ihnen zum ersten mahle, guten Schlamm, oder verfaulten Rasen und gute Erde in die Gräben, zum Anwurtzeln zu geben.

Die

Die Hecken müſſen wenigſtens 8 Ellen von einander ſtehen, und bey der An-
lage muß man die Stämmgen auf das
nächſte 1 und auf das weiteſte 1 ½ Elle,
aus einander ſetzen. Einen Fuß hoch von
der Erden, werden ihnen die Zweige und
Aeſte genommen, weil der Staub und
die Unreinlichkeit des auf der Erden lie-
genden Laubes, den Seidenwürmern ſchädlich iſt. Dieſe Hecken kan man ſo hoch,
oder ſo niedrig ziehen, als man will, und
wegen der Gemächlichkeit des Abſtreifeln
der Blätter ziehet man ſo viel Horizon-
tal-Zweige als nur möglich. Werden die
Hecken ſtark, ſo ſchneidet man ſolche, wie
die Bäume, dergeſtalt aus, daß Sonne
und Luft auf die Blätter überall würken
können. Weder zum Ausſchneiden der
Hecken, noch der andern Bäume, muß
die ihnen ſo gefährliche Scheere genommen werden, ſondern es muß alles mit
einem ſehr ſcharfen Meſſer geſchehen; Dieſe Hecken müſſen an Orten, wo kein Vieh
hinkömmt, angelegt, und bey harten Win-
tern, vor den Haaſen ſehr gehütet werden. Auf eben die Art, wie die Hecken, können auch die niederſtämmige
Keſſel-Bäume angelegt werden, welche
geſchwind fortkommen, und wegen des
Abblattens ſehr gemächlich ſind. Sie

     D   haben

haben den Vortheil, wie bey den Cronen
der hochstämmigen Bäume, daß, wenn
sie inwendig frey und offen gehalten, und
die Horizontal = Seiten = Aeste mit Sorg=
falt vervielfältiget werden, die Blätter
desto gesünder und nahrhafter sind. Der=
gleichen niedrig gehaltene Hecken und Kes=
sel = Bäume, können währender Seiden=
wurm = Zucht, wenn sehr nasse Witterung
einfällt, mit einer Art von einem langen
Zelte bedeckt werden, damit man in der
Zeit die für die Würmer so nothwendigen
trocknen Blätter erhalten könne. Bey
diesen Hecken und Kessel = Bäumen ist die
gute Wartung durch jährliches Umgraben,
Begießen mit Mist = Jauche und sorgfäl=
tiger Reinigung mit dem Messer von allen
verdorrten und erfrornen Holze, und von
allem knolligen und filzigen Laube, eben so
sorgfältig, als bey den hochstämmigen zu
beobachten.

Zweyte

Zweyte Abhandlung
von
dem Seiden-Bau.

Das erste Capitel.
Von den Seidenwürmer-Eyern
und dem Ausbrüten dererselben.

§. 1.

So bald einer weiße Maulbeerbäume von 8. 9. oder noch mehrern Jahren hat, welche ihm
sattsam Blätter zur Fütterung derer Seiden-Würmer geben, alsdenn kann er ohne
Anstand den Seiden-Bau vornehmen,
und da es zur Zeit in hiesigen Landen an
dem Seiden Würmer-Saamen fehlet, so
haben die Liebhaber, welche sich mit der
nützlichen Seiden-Zucht beschäftigen wollen, sich diesfalls, nach Vorschrift des

Woher der Sei-denwür-mer Saa-men zu nehmen.

D 3 vor-

vorſtehenden Avertiſſements, bey dem hie-
ſigen Addreſſ- und Leipziger Intell. Comtoir zu melden, wo dergleichen Saamen
denen Herren Vaſallen, Stadt-Räthen
und Piis Corporibus, iedesmahl vor die Ko-
ſten, und denen bedürftigen Unterthanen
ohn Entgeld mitgetheilet werden ſoll. Weilen aber ein einzig Loth Saamen aus mehr
als 12000 Eyergen beſtehet, wovon man
auf 5 Pfund feine Seide erbauen kan, ſo
wird ein jeder darauf ſehen, daß er nicht
mehr Saamen nehme, als er Fütterung
hat, ſelbigen zu erziehen, zumahl, wenn die
Bäume noch jung ſind, welche nicht ſo viel
Blätter tragen, als die alten, daher auch
nicht mit Zuverläßigkeit zu beſtimmen, wie
viel Bäume etwan zu ein oder mehr tau-
ſend Würmern erfordert werden. Die
Art und Weiſe aber, den Seiden-Wür-
mer-Saamen ſelbſt zu erzeugen, iſt unten im 2 Capitel §. 3. beſchrieben.

§. 2.

Wie der Saame zu verwahren und wenn er zu beleben. So lange noch nicht die Zeit da iſt,
daß die Seiden-Würmer auszukriechen
pflegen, ſo muß man den Saamen an einen kühlen Ort, wo es weder zu trocken
noch zu naß iſt, etwa in einem Wäſch-
Schranck, der keinen übeln Geruch hat,
und worinnen nichts von Oel oder Fett iſt,

wohl

wohl verwahren. So bald aber alsdenn
die Knospen an den weissen Maulbeerbäumen stark zu treiben und aufzubrechen be-
ginnen, so, daß die Blätter fast in der Gröf-
se eines Sechspfennig-Stücks sind, welches gemeiniglich in hiesigen Landen, in der
ersten Helfte des Maymonats geschiehet,
so machet man Anstalt, den Seiden-Wür-
mer-Saamen zu beleben und auszubrü-
ten. Einige haben hierbey die Gewohnheit,
daß sie den Saamen etliche Stunden vorher in alten Wein einweichen, und ihn an
der Sonne wiederum trocknen. Allein,
es ist dieses nicht ynumgänglich nöthig, indem der uneingeweichte Saame eben so
gute Würmer bringt, als der eingeweich-
te, und es dienet solches nur dazu, daß
man den guten und unnützen Saamen
von einander unterscheiden kan, weil der
gute zu Boden sinkt, der taube und un-
nütze aber oben schwimmet, und also leicht
wegzunehmen ist.

§. 3.

Wenn nun die Ausbrütung geschehen soll, so thut man den Seiden-Wür-
mer-Saamen entweder in eine mit wohlriechenden Kräutern ausgeriebene Schach-
tel, oder auch nur in ein oder mehrere pappierne Kästgen, iedoch so, daß der Boden
Wie die Ausbrü- tung ge- schiehet.

D 3 nicht

nicht mehr, als ohngefehr ein viertel Zoll
hoch davon bedeckt ist. Man lässet sodann
den Ofen den ganzen Tag über bis in die
späte Nacht, in einer mäßigen Wärme
halten, setzet die Kästgen an den Ofen, mit
einem pappiernen Schirm herum, damit
die Hitze gemäßiget und égal werde, weil,
wenn die Hitze allzu groß ist, der Saame
entweder gänzlich verbirbet und austrock-
net, (welches auch leicht geschiehet, wenn
man ihn an der Sonne auskommen lässet,)
oder die Würmer kommen röthlich her-
vor, und sterben, oder machen ein gar
schlechtes Gespinnste. Wenn nun die rech-
te Wärme beobachtet worden, so pflegen
die Seiden-Würmer gemeiniglich den
dritten oder vierten Tag, als kleine schwarze rauche Würmer, aus dem Saamen heraus zu kriechen, (es wäre denn Italieni-
scher Saame, welcher etwas später aus-
kommet,) und so bald man dieses wahr-
nimmt, oder es auch den Abend vorher
vermuthet, daß sie den folgenden Morgen
auskommen möchten, weil sie gemeiniglich
des Morgens auskriechen, so beleget man
den Saamen mit einem Pappier, so auf
das Kästgen passet, und ganz voll kleiner
Löcher geschnitten oder gestochen ist, und
auf das Pappier legt man einige Maul-
beerblätter oder kleine Zweige, auf welche

che die kleinen Würmer, so etwan auskom=
men, durch die Löcher des Pappiers krie=
chen. Diese also mit Würmern besetzte
Blätter thut man sodann in andere Käst=
gen, und leget neue Blätter auf das durch=
löcherte Pappier, die man, wenn sie mit
Würmern bekrochen sind, gleichfalls in
andere Kästgen bringet, und dieses so oft
wiederholet, als sich Würmer ansetzen, je=
doch ist bey denenjenigen Würmern, die
gar zu spät, und etwa erst den 6. 7den Tag
auskriechen, kein großer Verlust, wenn sie
weggeworffen werden, indem sie die War=
tung allzu ungleich machen, und die Wür=
mer von den ersten drey Tagen allezeit die
besten, dauerhafftesten und gesündesten
sind, daher auch einer, wenn er sich vorge=
nommen, z. E. 1 Loth Saamen aufzuzie=
hen, lieber etwa ¼ Qventgen drüber nimmt.
Ueberhaupt aber ist, bey dem Auskriechen
der Würmer noch dieses zu beobachten, daß
sie nach dem Alter wohl sortiret, und in
pappierne Kästgen, iedes von einem Bo=
gen, und mit einem Drey=Quer=Finger ho=
hen Rande versehen, geleget werden, welche
Kästgen in der Ordnung, wie die Würmer,
darein gebracht werden, vom ersten Tage
mit No. I. 1. I. 2. I. 3. I. 4., vom zweyten
mit No. II. 1. II. 2. II. 3. II. 4., vom drit=
ten, mit No. III. 1. III. 2. III. 3., und so
ferner, bezeichnet werden müssen.

D 4   Das

Das zweyte Capitel.

Von Fütterung und Wartung
der Seiden-Würmer.

§. 1.

Wie die Blätter zur Fütterung müssen beschaffen seyn.

Die Speise und Nahrung der Seiden-Würmer ist bekannter maßen das Laub von denen Maulbeerbäumen, hierbey aber ist folgendes wohl zu bemercken: Die Blätter zur Fütterung müssen rein und trocken seyn, dahero solche ordentlich nicht eher zu pflücken, als bis die Sonne oder die Luft sie vollkommen vom Thau und Regen abgetrocknet. Man lässet deswegen, wenn es regnen will, gern etwas Blätter im Vorrath pflücken, oder, wenn man ja die Blätter naß muß abnehmen lassen, so lässet man solche in einen großen Sacken durch zwey Personen einige Minuten wohl hin und her schütteln, alsdenn in einem Zimmer, wo die Luft durchziehet, eine halbe Stunde ausbreiten, auch mit diesem Schütteln und Ausbreiten zu wiederholten maien so lange fortfahren, bis die Blätter vollkommen trocken sind. Wenn man ferner bey großer Hitze etwan auf denen Blättern eine Art von Manna oder

Ho-

Honig, oder auch nur vielen Staub bemer=
cket, welches alles denen Würmern schäd=
lich ist, so legt man die frisch gebrochenen
Blätter in geflochtene Körbe, taucht solche
etlichemahl in rein und frisches Wasser,
und trocknet sie alsdenn wieder, auf die
nur=iezt beschriebene Art.

§. 2.

Die Fütterung derer Seiden=Wür= *Wie, und*
mer ist nach ihren Alter gar sehr unterschie= *wie oft*
ben. Denen neu=ausgekrochenen Wür= *die Sei=*
denwür=
mern giebt man täglich vier bis fünfmahl *mer zu*
füttern.
neue Blätter oder Zweige von Maulbeer=
bäumen, als etwan des Vormittags um 4.
8. 12. und des Nachmittags um 4 und 9
Uhr, iedoch wenig auf einmahl, weil sie
noch nicht viel Nahrung bedürffen, da hin=
gegen die öftere frische Speise ihnen sehr
nützlich ist. Von der ersten bis zur dritten
Häutung wird ihnen täglich zweymahl,
von der dritten bis zur vierten täglich drey=
mahl, nach der vierten Häutung aber täg=
lich viermahl, oder alle 6 Stunden, Futter
gegeben. Die leztern drey Tage vor ih=
ren Einspinnen hingegen muß man ih=
nen öfters, und fast alle zwey Stunden,
Nahrung reichen, weil sie alsdenn unge=
mein stark fressen. Die Fütterung geschie=
het, indem man die Maulbeer=Blätter al=

D 5 *len=*

lenthalben gleich über die Würmer aus=
streuet, so, daß nirgends über zwey Blätter
zu liegen kommen. Bis zur dritten Häu=
tung kan man ihnen sicher die Blätter von
jungen zarten Bäumen, selbst aus der
Baum=Schule, geben, und diese zarten
Blätter sind ihrer Natur viel gemäßer,
als die von starken Bäumen. Nach der
dritten Häutung aber müssen sie ihre
Nahrung von starken Bäumen bekom=
men, und nach der vierten Häutung ist es
so gar gut, wenn man ihnen das Laub von
schwarzen Maulbeerbäumen abwechselnd
verfüttert.

§. 3.

Von der
Häutung
der Sei=
denwür=
mer, und
was jedes=
mahl dar=
bey zu be=
obachten.
Nebst der Fütterung ist eine gute War=
tung und Reinigung derer Seiden=Wür=
mer das Hauptwerk bey der Seiden=Wür=
mer=Zucht. Weiln sich aber diese nützliche
Würmer in ihrem Leben viermahl häuten,
so ist auch ihre Wartung verschiedentlich,
und man muß zu förderst wissen, wenn und
wie diese Häutungen geschehen, und was
überhaupt dabey zu beobachten ist. Ge=
meiniglich erfolgt diese Häutung alle 6. 7.
bis 8 Tage, nachdem die Würmer wohl ge=
wartet werden. So bald man nun vermu=
thet, daß die Würmer etwan sich den fol=
genden Tag häuten dürften, welches man
ihnen

ihnen nach einer kurzen Erfahrung bald
ansehen kan, wenn z. E. das Maul nach
Proportion des Wurms sehr klein wird,
und die Haut gelb und glänzend aussiehet,
so muß man sie auf ein rein Lager bringen,
damit sie so viel, als möglich, nicht lange
auf unreinen Lager bleiben dürffen. Bey
der Häutung selbst scheinen sie krank zu
seyn, indem sie auf einer Stelle unbeweg-
lich sitzen, die Köpfe in die Höhe recken, und
nicht freſſen. Dieſes dauert 24 Stunden
und etwas länger, und da muß man sie
nicht stören, noch vom Lager räumen, weil
sie ihre alte Haut an die Blätter anspin-
nen, um im Stande zu seyn, selbige aus-
ziehen zu können. Man bestreuet sie auch
nicht mit Blättern wie vorhero, es wären
denn einige darunter, so sich verspätet, und
noch nicht häuten wollten, vor dieſe legt
man hin und wieder ein Blatt, und bringet
sie mit solchem zu denenjenigen, so ebenfalls noch nicht häuten, iedoch bald häuten dürften, z. E. von No. I. 1. zu I. 4.
oder II. 1.

§. 4.

Die Wartung derer neuausgekroche-
nen Seiden-Würmer bis zur erſten Häutung beſtehet, nebſt der §. 2. vorgeſchrie-
benen Fütterung, darinne, daß ſelbige
wenn

Von der
Wartung
der Sei-
denwür-
mer bis
zur erſten
Häutung.

wenn sie zweymahl 24 Stunden, oder etwas drüber, alt sind, auf ein neues Lager
gebracht werden. Solches geschiehet früh
morgens bey dem Füttern, auf diese Art,
daß man sie mit denen frischen Blättern,
so bald sie selbige bekrochen, in ein eben so
numerirtes Kästgen, als das, wo sie herausgenommen werden, bringet, und mit
Auflegung frischer Blätter auf das alte
Lager so lange continuiret, bis die Würmer sich alle darauf gesammlet haben, oder
man nimmt die leztern noch mit Steckna-
deln ab, um das alte Lager wegschütten zu
können, weil so sorgfältig als möglich, aller übler Geruch verhütet werden muß.
Zugleich aber hat man auch zu beobachten,
daß das Zimmer beständig in einer mittel-
mäßigen Wärme erhalten werde, so werden die Wümer sehr geschwind wachsen,
und gemeiniglich schon den 5 und 6ten Tag
anfangen, sich zum erstenmahle zu häuten,
worbey man die in vorstehenden §pho ent-
haltene Regeln zu beobachten hat.

§. 5.

Von Zu-
richtung
der Gerü-
ste vor die
Seiden-
würmer.
Bis hieher hat man die Seiden-Würmer bloß in pappiernen Kästgen auf Ti-
schen haben können. Nachdem sie aber
nach der Maaße ihres Wachsthums immer mehr Platz erfordern, und dieses eine

Haupt-

Haupt-Regul bey einer guten Wartung
ist, daß sie nicht allzudichte beysammen liegen, und einander am Fressen hindern, so
muß man gleich nach der ersten Häutung
sie in größere Behältniße bringen, darinnen man sie alsdenn bis zum Einspinnen
abwarten kann. Hierzu wird nun ein- oder
nach Beschaffenheit der Menge der Würmer mehrere Gerüste oder Stellage erfordert, so in Form einer Leiter ist, und aus 4
Stangen-Bäumen bestehet, welche auf
beyden Seiten mit Latten, wenigstens 1½
Viertel in der Höhe aus einander beschlagen werden. Auf diese Latten leget man
sodann Rähme von Bretern, oder von
Rohr oder Zweigen verfertigte Horden,
so aber auf allen Seiten mit einer Erhö-
hung oder Einfassung versehen seyn müssen, damit die Würmer nicht herunter
fallen, zu welchem Ende auch die obern
Breter oder Horden immer schmäler seyn
müssen, als die untern, damit die Würmer
wenigstens nur von einer Horde oder Bret
auf das andere fallen können. Solch Gerüste kan man entweder an die Wand ansetzen, oder in die Mitte des Zimmers, daß
es auf beyden Seiten frey stehe. Setzet
man es an die Wand, so bekommt es ordentlich die Gestalt eines Fußtritts, oder
breiten Treppe von verschiedenen Stuffen.

Will

Will man es aber frey im Zimmer setzen,
so siehet es aus, wie zwey solche zusammen
gesetzte Treppen, oder wie zwey gegenein-
ander stehende mit Latten zusammen ge-
hangene Baum=Leitern aus. Das ganze
Gerüste kan nach Gelegenheit des Zimmers, und nach der Anzahl der Würmer,
so man hat, 3 auch 4 Ellen lang, und 6 bis
8 Fach hoch, die Breter oder Horden in
der untersten Reihe aber etwan eine Elle
breit, wenn das Gerüste an der Wand stehet, wenn es hingegen in der Mitte des
Zimmers stehet, so, daß man von beyden
Seiten darzu kan, ¾tel bis 2 Ellen breit,
und so die höhern immer jedes um ein
paar Zoll schmäler seyn.

§. 6.

Wenn u.
wie die
Würmer
auf das
Gerüste zu
bringen.

Wenn man nun ein solch Gerüste hat,
und man siehet, daß die Würmer in ihren
bisherigen Kästgen größtentheils das er-
stemahl ausgehäutet haben, so beleget
man sie hin und wieder mit Blättern, und
bringt sie damit auf die Breter oder Horden des gedachten Gerüstes, welche aber
ebenfalls, wie Anfangs, die Kästgen, zu
numeriren sind, so, daß man die Würmer,
die am ersten abhäuten, auf das Bret oder
Horde No. I. 1., und wenn in diesem genung sind, in No. I. 2., und so ferner, leget,

ohne

ohne zu attendiren, welche vorher in einer
Nummer beysammen gelegen, indem sie ungleich wachsen, und einige von I. 1., so sich
verspäten, zu I. 4. II. 1. und noch weiter
hinkommen, andere hingegen, die ge-
schwinde wachsen, wohl von No. II. 1. III. 1.
gar zu I 1. oder I. 2. und so ferner kommen.
Die Breter oder Horden von dem andern
Tag, werden sodann mit II. 1. II. 2. und
so weiter bezeichnet. Und dieses Sortiren ist überhaupt bey jeder Häutung wohl
in acht zu nehmen, damit nicht gehäutete
und ungehäutete untereinander kommen,
weil sonst viele darbey verderben, und eine
gute Seiden-Ernde fürnemlich mit von
dem Sortiren dependiret.

§. 7.

Was die Wartung und Reinigung be- Wie und
rer Seiden-Würmer nach der ersten Häu- wie oft die
tung anlanget, so kan man selbige zwischen würmer
der ersten und zweyten Häutung einmahl, nach der
auch nach Befinden zweymahl, auf ein rei- ersten
nes Lager bringen. Nach der zweyten bis zum
Häutung aber bis zur vierten ist die Reini- Einspin-
gung alle drey Tage vorzunehmen; Nach nigen.
der 4ten Häutung hingegen bis zum Einspinnen muß solche alle 24 oder 36 Stunden geschehen, damit sich der Koth nicht
häuffe und etwa einen üblen Geruch verursache. Diese Reinigung des Lagers ge-
schie-

schießet allemahl, so viel man bis hieher
weiß, auf die bereits mehr gedachte Art,
durch Auflegung frischer Blätter, womit
man die Würmer auf ein neues Bret oder
Horde bringet. Weiln aber dieses etwas
langsam zugehet und beschwerlich ist, so
dürfte solches viel commoder geschehen,
wenn man, nach Art der Chineser, ein Ne-
ße, wie unsere Vogel-Garne, über jedes
Bret oder Horde breitete, und solches mit
Blättern bestreuete, indem auf solche Art
die Würmer, wenn sie durch das Neß auf
das Laub gekrochen, auf einmahl auf ein
anderes Lager gebracht werden können.
Am allerbequemsten aber sollte wohl diese
Manier seyn, daß man die Breter oder
Horden nur halb mit Würmern und Blättern belegte, und, wenn man denen Würmern ein reines Lager machen wolte, die andere Helffte mit frischen Blättern bestreuete, da denn die Würmer bald selbst dahin
kriechen und das alte Lager verlassen würden, welches man alsdenn commode weg-
räumen könnte. Jedoch dürfte dieser Vor-
schlag nur bey denen Gerüsten so mitten in
dem Zimmer frey stehen, angehen, weiln
man darzu auf beyden Seiten kommen kan,
und folglich einmahl auf der einen, das andere mahl auf der andern Seite ein neues
Lager machen könnte.

§. 8.

§. 8.

Zu einer guten Wartung gehöret ferner, daß das alte Lager bey iedesmahli-
ger Reinigung bald aus dem Zimmer ge-
schaffet werde, damit es keinen übeln Geruch verursache. Auch ist die schon oben
gedachte Wärme wohl zu beobachten.
Bey schönen Wetter muß man zuweilen
durch Aufmachung der Fenster frische Luft
ins Zimmer lassen, bey feuchter Witterung aber die Thüren und Fenster sorgfältig zuhalten. Ueberhaupt muß man
alles, was einen allzustarken Geruch hat,
von diesen Würmern entfernen, und insonderheit ist ihnen alle Fettigkeit schädlich, der Dampf darvon aber gar tödlich.
Endlich muß man sie auch vor denen Mäu-
sen, Ratten, und Ameisen wohl zu verwahren suchen, dahero diejenigen, so
ihre Seidenwürmer etwa in einen Ge-
wächs-Hause halten wollen, welche sonst
gewiß hierzu überaus bequem sind, weil
zur Zeit der Seidenwürmer-Wartung
die Gewächs-Häuser ohnedem leer, und
die Blätter bey der Hand sind, vor allen
Dingen darauf zu sehen haben, ob dergleichen denen Seidenwürmern schädli-
ches Ungeziefer in dem Garten ist, oder
wie die Würmer davor bewahret werden
können.

E §. 9.

§. 9.

Bon
denen
Krank
heiten der
Seiden-
würmer,
und wie
sich dar-
bey zu
verhalten.

Ob nun wohl, wenn die oben beschriebene Fütterung beobachtet wird, daß man
insonderheit kein nasses Laub füttert, in=
gleichen die behörige Reinigung wohl in
Acht nimmet, und alles, was denen Sei=
benwürmern nach dem vorstehenden Spho
schädlich ist, von ihnen entfernet, so leicht
keine Krankheit unter ihnen entstehen
wird; So pfleget sich doch zuweilen bey
denen, so gelbe Seide spinnen, die so
genannte gelbe Sucht, und an denen,
so weisse Seide spinnen, die weisse Sucht
zu äußern, und es entstehet solche Kranck=
heit gemeiniglich von verdorbenen Blät=
tern, die entweder in dicken Bäumen in
der Mitte wachsen, und von der Sonne
nicht haben beschienen werden können;
oder von Blättern, die beym Pflücken
zu dichte in den Säcken gestopft worden,
und starck darinnen geschwizt haben; oder
die in feuchten Kellern, und zu dichte
auf einander gelegen haben; oder die aus
kalten Kellern sogleich in das warme Sei=
benwurm=Zimmer gebracht worden, und
darvon naß beschlagen sind; oder auch
von jungen neu=ausgeschlagenen Blät=
tern, die denen Würmern zwar in
den beyden ersten Häutungen nützlich wa-

ren,

ren, nun aber, und nach der vierten,
sonderlich, wegen ihrer zu vielen Feuch=
tigkeit schädlich sind. Wofern nun ohn=
geachtet aller gebrauchten Vorsicht, sich
einige Krankheit unter den Würmern äu=
ßern solte, so muß man nur fleißig die
Krancken von denen Gesunden absondern,
weiln sie sonst die andern mit anstecken,
und mit der Feuchtigkeit, so am Ende der
Krankheit von ihnen gehet, die Blätter
verunreinigen. Von denen, die einmahl
die Sucht haben, kommt gar selten einer
darvon, daher es am besten ist, man
schaffet solche bald gar weg, und wirft
sie in einen Topf mit Wasser. Diejenigen
aber, so nur matt und zweifelhaft ausse=
hen, ob sie zu den Kranken oder Gesunden
zu rechnen, muß man nur allzeit bald auf
ein frisches Lager ganz allein zusammen
bringen, und ihnen die Blätter von denen
besten Bäumen, so gute runde Blätter
haben, und zwar auswendig an den Bäu=
men stehen, wo sie die Sonne am meisten
bescheinet, zu fressen geben, sie auch alle=
zeit in der erforderlichen Wärme erhalten,
so werden sie bald wieder genesen. Wolte
man zuweilen mit wohlriechenden Kräu=
tern in dem Zimmer räuchern lassen, so
muß allzuvieler Rauch sorgfältig vermie=
then werden, denn aller Rauch, der die

Wür=

Würmer unmittelbar berühret, wenn er
auch von wohlriechenden Sachen entstehet, ist ihnen schädlich.

Das dritte Capitel.

Von dem Einspinnen derer Sei-
denwürmer.

§. 1.

*Wie das
Spinnge-
rüste zuzu-
richten.* Wenn sich nun die Seidenwürmer
endlich das vierte mahl gehäutet
haben, so muß man auf das
Spinn=Gerüste bedacht seyn. Dieses kan
in der nehmlichen Gestalt gemachet werden, wie das oben beschriebene Gerüste,
worinnen die Würmer bisher gefüttert und
gewartet worden, nur daß man in denen
Fächern wieder ordentliche Locate machen
läßt, worinnen die Spinnhütten anzule-
gen sind. Die untern Breter der Fächer
müssen ebenfalls breiter seyn, als die obern,
damit die Würmer, wenn sie fallen, nur
von einer Spinnhütte zur andern fallen.
Eine jede Spinnhütte soll nicht größer,
als ein Schuch ins Gevierte, und nur
eine Seite offen seyn. Sie werden von
Birken oder dürren Reiße, welches aber
kein

kein Laub haben muß, damit die Floret-
Seide nicht verunreiniget werde, verfer-
tiget, und man durchflechtet sie mit aus-
getrockneten Hobel-Spänen, auf daß die
Würmer allenthalben Hölungen finden,
sich einzuspinnen.

§. 2.

Gemeiniglich den 6. 7. oder 8 Tag nach
der Häutung fangen die Seidenwürmer
an, um den Hals weiß und durchsichtig
zu werden, sie fressen nicht mehr, und kriechen unruhig auf den Blättern herum,
haben auch einen seidenen Faden in denen
Mäulern. So bald man dieses bemerket,
so nimmt man sie weg, legt sie auf einzelne Bogen, und schiebet sie in die Spinn-
hütten, da sie dann von selbst aufsteigen,
und sich ihren Platz suchen. Ist eine
Spinnhütte gnung von Würmern bestie-
gen, so setzt man die noch unten gebliebene
Würmer in eine neue, und verfähret so
immer weiter. Solten einige nicht aufsteigen, und etwa noch fressen wollen, so
kan man ihnen ein paar Blätter hinlegen;
fressen sie aber nicht, und bleiben noch 24
Stunden zurück, so setzet man sie selbst
auf das Spinn-Gerüste, und wenn sie
herunter fallen, und kurz zu werden begin-
nen, so sperrt man selbige in pappierne

Wenn und wie die Seidenwürmer in die Spinn-hütten zu bringen.

E 3   Dü-

Düten, oder, wenn dieses zu viel Zeit erfordern sollte, so setzet man sie in Körbe oder Kasten, die auf den Boden mit krullichten Hobelspänen beleget sind; wenn diese Späne ziemlich mit Würmern besetzt sind, kan man wieder Späne, und von neuen Würmer darauf legen, bis der Korb oder Kasten voll ist. Uebrigens bedarf es eben während des Spinnens keines weitern Einheizens, und es ist fast besser, wenn die Witterung etwas kühle ist, allein man muß auch noch ietzo wohl Achtung geben, daß keine Mäuse im Zimmer sind, weil sie gern auf die Spinn=Gerüste steigen, und die Würmer mit Verderbung der Seide herausfressen.

§. 3.

Wenn u. wie die Cocons aus denen Spinnhütten zu nehmen. Wenn der Seidenwurm einmahl anfängt zu spinnen, so bringt er etwan 5 bis 6 Tage mit Verfertigung seines Gespinnstes oder Cocons zu. Ohngefehr aber drey Wochen nach dem Anfang des Einspinnens pflegt derselbe sein Gespinnste zu durchfressen, und in Gestalt eines Schmetterlings oder Papillons, die man auch Weinfalter nennet, wieder hervorzukommen. Wenn dahero auf einen Spinn=Gerüste binnen 8 Tagen kein Wurm mehr zu sehen gewesen, so reisset man die Spinnhütte

hütte ein, nimmt die Cocons heraus, und
lässet sie auf einen Lacken an der Sonne einen Tag trocknen, macht sodann die Watt-
oder Floretseide, so äusserlich um die Cocons ist, sauber ab, bewahret solche besonders, und eilet zum Abhaspeln der
Seiden-Häuslein, wovon das folgende
Capitul nachzusehen, oder man tödtet die
Würmer in denen Cocons, damit sie sich
nicht durchfressen können; ob man wohl
allezeit schönere Seide bekommt, wenn die
Seide gleich kan abgehaspelt werden.

§. 4.

Das Tödten derer in denen Seiden-
Häusern befindlichen Würmer kan auf
verschiedene Art geschehen. Die gemeinste
Art ist, wenn man die Cocons in einen
Backofen, nachdem das Brod heraus ist,
auf Bretern oder geflochtenen Horden
schiebet, und sie auf 6 Stunden darinnen
stehen lässet. Der Backofen muß aber weder zu heiß noch zu kalt seyn. Ist er zu kalt,
so thut er keinen Effect, und die Würmer
fressen sich hernach zum Verderb der Seide durch; ist er zu heiß, so kan die Seide
gar verbrennen. Um sicher zu gehen,
kan man erst auf einem Stock ein mit Floret-Seide noch umgebenes Seiden-Häuslein, an verschiedene Orte des Ofens, et-

Wie die Würmer in denen Seiden-häuslein zu tödten.

E 4   liche

liche Minuten halten, um zu sehen, ob
die Seide nicht versenget wird. Einige
tödten die Würmer auch in einem Dampf=
Bade. Man thut nehmlich in einen
Kessel mit starck siedenden Wasser, etli=
che Hände voll Salz und etwas Oel; über
dem Wasser macht man ein hölzern Creuz,
und darauf setzet man einen geflochtenen
Korb voll Cocons, welchen man mit einem Lacken bis zum Wasser zudeckt, und
auf solche Art werden die Würmer ohne
Schaden der Seide in einer halben Stun=
de, oder etwas länger, ersticken. Die
letzte bekannte Art die Seidenwürmer zu
tödten, ist endlich diese, daß man sie an
der heissen Sonne austrocknen lässet, allein
die Seide leidet etwas dabey. Sind die
Würmer einmahl getödtet, so kan man
zwar die Cocons nach Gelegenheit abhas=
peln, jedoch muß solches auch nicht allzu=
lange aufgeschoben werden, weilen sich
zuweilen nach dem todten Pirpen, Wür=
mer einfinden, die kleine Löcher in die
Cocons fressen, und die Seide dadurch
verderben.

§. 5.

Wie der Saamen von denen Seiden- würmern Zum Beschluß dieses Capitels ist,
nach dem oben im ersten Capitel §. 1. ge=
thanen Versprechen, noch die Erzeugung

des

des Seidenwürmer-Saamens kürzlich zu
beschreiben: Man liefet nehmlich bey dem zu er- eugen. Abnehmen der Seiden-Häuslein von dem
Spinn-Gerüste, die festesten und größesten
Häuslein aus, halb Männlein und halb
Weiblein. Die Weiblein sind größer und
an beyden Enden stumpf; die Männlein
aber schmäler, und an dem einen Ende
zugespizt. Funfzig Paar geben ungefähr
ein Loth Saamen. Diese reihet man an
einen Faden, der jedoch nur durch die Floret-Seide gezogen wird, dergestalt an,
daß allemahl ein Männlein und ein Weiblein auf einander folget. Diese hänget
man auf, bis sie sich durchfressen. Gemeiniglich kommen sie des Morgens früh
heraus, in Gestalt eines Buttervogels.
Die Hähne sind klein, gelblich von Farbe, und brausen beständig mit den Flügeln. Die Weibgen sind etwas grösser,
weiß von Farbe, träge, und haben einen
dicken Unterleib. Man setzet sie dann
auf einen mit Pappier belegten Tisch,
Männlein und Weiblein beysammen,
und wenn sie sich des Morgens zu begatten angefangen haben, so reisset man sie
Nachmittags behutsam aus einander,
und setzet die Weiblein auf einen besondern mit Papier, oder schwarzen glatten
wollenen Zeug belegten Tisch, allwo sie

E 5 ihre

ihre Eyer legen, und zwar jedes Weiblein
auf 300. und mehr, wornach sie sterben.
Diese Eyer sind erst gelb, nach einigen
Tagen werden sie bräunlich, und endlich
blaulicht. Man kan sie entweder auf diesen Pappiere lassen, und den Winter über
an einen weder zu kalten noch zu warmen
Ort, am besten, wie schon oben gedacht,
in einen Wäsch-Kasten bey leinenen Zeu-
ge aufbewahren, und im April den Saamen mit einer Münze oder Bürste sauber
herunter machen, oder auch dieses schon
im Herbste thun, und den Saamen in
einer gläsernen Flasche auf vorgemeldte
Art, bis wiederum zur Zeit des Ausbrü-
tens, wohl aufbehalten, damit keine
Mäuse, oder ander Ungeziefer darzu
kommen möge.

Das vierte Capitel.
Von Abhaspelung der Seiden-Häußlein und Zubereitung der Flockseide.

§. I.

Von dem Seiden-Haspel.

Das Hauptstück zum Abwinden der
Seiden-Häuslein ist ein guter
Seiden-Haspel, welcher aber besser nach einem Modell kan gemacht, als
beschrie-

beschrieben werden, gleichwie denn auch
das Haspeln selbst, leichter von Sehen,
als aus einer Beschreibung zu erlernen
ist. Diejenigen also, so Seide bauen,
werden sich selbst um einen guten Seiden-
Haspel bekümmern, auch das Haspeln
bey andern zu erlernen suchen, oder sich
eine Hasplerin halten, oder nur die
Cocons Pfundweise verkauffen, wiewohl
sie im leztern Fall den besten Profit ver-
lieren. Ein dergleichen Seiden-Haspel
stehet auf dem Churfl. Maulbeerbaum-
Plantagen-Guthe zu Hosterwitz ohnweit
Dreßden, woselbst auch das Abhaspeln
bey jeder Seiden-Erndte zu sehen ist.

§. 2.

Vor Abhaspelung der Seide müssen
die Cocons, wenn man den grösten Nu-
zen, der daraus zu machen ist, davon
haben will, in vier Sorten getheilet werden. Zur ersten Sorte nimmt man alle
gute besponnene dichte Cocons, und davon wird Seide zur Organsin, oder zu
allerhand feinen seidenen Zeugen. Zur
zweyten Sorte nimmt man die doppelte
Cocons, da zwey Würmer sich, weil sie
etwan zu dichte gesessen, in einander ge-
sponnen haben, davon die Seide nur etwan

Wie die Cocons zu sorti- ren.

man zu Netz=Seide, oder zu groben
Strümpfen zu gebrauchen ist. Zur drit=
ten Sorte gehören die locker gesponnenen
Cocons, so sich weich und rauch anfühlen.
Und endlich zur vierten Sorte nimmt man
die fleckigten, worinn der Wurm gestor=
ben ist. Wie nun aber jede Sorte beson=
ders abzuhaspeln ist, so thut man wohl,
wenn man mit der leztern Sorte den An=
fang macht, weil sie durch länger liegen
sich noch mehr beflecken und geringer
werden.

§. 3.

*Wie
das Abhas=
peln ge=
schiehet.*

Das Abhaspeln selbst geschiehet auf
folgende Weise: Man lässet einen Kes=
sel, der wenigstens 1½ Fuß im Durch=
schnitt, und 1 Fuß in der Tieffe haben
muß, über die Helfte mit Wasser anfül=
len, hält ein gelindes und gleiches Feuer
darunter, so, daß das Wasser nicht ko=
chet, (weil es sonst die Cocons unter
einander werfen, und das Haspeln ver=
hindern würde,) jedoch auch nahe an
Kochen ist, damit der in denen Cocons
befindliche Leim gnugsam aufgelöset werde.
Hierauf setzet man sich an den Kessel,
wirfft viel oder wenig Cocons, nachdem
die Seide viel oder wenig Faden bekom=
men soll, darein, rühret sie mit einem
von

von einem Befen gemachten Bund
Ruthen, woran die Spitzen egal be=
schnitten find, einige mahl herum, nimmt
die daran sich hängende Flock=Seide ab,
und wiederholet das Herumrühren so lan=
ge, bis man die Faden von einer gnung=
samen Anzahl Cocons ganz rein und klar
hat. Diese ziehet man sodann durch ei=
nen an Haspel=Gestelle befindlichen Drat
über zwey nach dem Haspel gehende Röl=
lichen, legt sie ein wenig zur Seite des
Haspels an, und lässet den Dreher in be=
ständiger Gleichheit umdrehen. Nach=
dem man die Seide fein oder stark haben
will, nimmt man auch viel Faden. Zu
einem Faden feiner Seide zu Organsin
nimmt man nur 5 bis 6 Cocons, zu fei=
nen Einschuß trame oder *trame* ge=
nannt, zu seidenen Zeugen, macht man
einen Faden von 10 bis 12 Cocons; zur
schlechten Sorte von Cocons aber nimmt
man zu 14 bis 16 Faden starck, und zu
den locker gesponnenen Cocons muß man
ein gelinder Feuer halten, als zu denen
festen. Uebrigens ist bey dem Haspeln
wohl Achtung zu geben, daß, wenn eini=
ge Cocons abreissen, oder abgewunden
sind, allemahl sogleich neue Faden zuge=
leget werden, damit die Seide von gleicher
Stärke werde; die Strehne aber müssen nicht
eher

eher vom Haspel genommen werden, bis
sie vollkommen trocken sind, dahero man
zu einem Haspel=Gestelle zwey Haspel
von gleicher Größe nöthig hat, und wenn
etwan einen halben Tag gehaspelt wor=
den, muß der Keßel ausgespület und
frisch Wasser genommen werden, gleich=
wie denn auch, weil das Wasser ver=
raucht, zuweilen etwas zugegoßen werden
muß, damit es nicht zu wenig werde;
Der Haspeler aber kan einen Topf kalt
Wasser neben sich haben, um dann und
wann die Hände darinnen abzukühlen,
damit er die Hitze des Wassers vertragen
könne.

§. 4.

Wie die
Fleuret=
Seide zu
zuberei=
ten.

Die Fleuret= oder Flock=Seide wird
ebenfalls in verschiedene Sorten einge=
theilet. Zu der ersten Sorte rechnet man
die Seide, so der Haspeler von denen
Cocons abziehet, wenn er den reinen
Faden suchet; diese wird also zubereitet,
daß man zu Einem Pfund dergleichen
Seide, zehen Loth Seiffe nimmet, sie
etwa eine Stunde in einem Keßel kochet,
worinnen so viel Wasser ist, daß es voll=
kommen über die Seide gehet, wäschet
hernach selbige im Fluß=Wasser so lange,
bis das ablauffende Wasser klar bleibet,
trocknet sie wieder, und läßet sie endlich
car=

cartätſchen, worauf ſie geſponnen, und
ſowohl zum Einſchlag zu verſchiedenen
ſeidenen Zeugen, als auch zu gewürkten
und geſtrickten Strümpfen gebrauchet
werden kan. Die zweyte Art des Fleu-
rets beſtehet aus denen durchfreſſenen und
allzulocker geſponnenen Seiden-Häuslein,
ingleichen aus denen Cocons, ſo im Keſ-
ſel zu Grunde gegangen, und ſich nicht
haben wollen abhaſpeln laſſen. Dieſe
ſchüttet man in einen Zober, gießet etwas laulicht Waſſer darauf, läſſet ſie einen Menſchen mit bloßen Füſſen etwan
zwey Stunden treten, ſo daß ſie von Zeit
zu Zeit umgewendet, und wieder mit
lauen Waſſer begoſſen werden, damit der
Leim ſich auflöſe, ſo lange bis ſich die Seide
von den Cocons mit den Fingern leicht
aus einander ziehen läſſet, alsdenn müſſen ſie im Flußwaſſer gewaſchen werden,
bis das ablauffende Waſſer klar ausſiehet,
hierauf werden ſie getrocknet, aber nicht
von einander gezerret. Wenn ſie trocken
ſind, thut man ſie in einen reinen groben
Leinewandtnen Sack, und ſchläget ſie
mit dünnen Stöcken etwa eine Stunde,
worauf ſie endlich geſponnen, und zu
Strümpfen, wie auch zu Einſchlag zu
verſchiedenen ſeidenen Zeugen gebraucht
werden können. Die dritte Sorte der
Fleu-

Fleuret-Seide ist das inwendigste Theil
derer Cocons, so wie ein Häutgen aussiehet, nnd sich wegen der Feine des Fa-
dens, und des vielen Leims halber, nicht
hat wollen abhaspeln lassen. Es wird
diese Art, wie die vorherstehende zweyte
Art zubereitet, nur daß sie noch ein oder
mehr Stunden länger als jene getreten,
hernach fünf bis sechs Stunden in die
Sonne gesetzt, und alsdenn erst im Flußwasser rein ansgewaschen, endlich aber,
wie Wäsche auf Leinen getrocknet werden
muß. Uebrigens kan sie eben also, wie
die von der zweyten Sorte gebraucht werden. Die vierte Art der Flockseide endlich ist diejenige, so um die Cocons sitzt,
wenn sie aus denen Cabanen oder Spinn-
hütten abgenommen werden; Diese ver-
dienet ihres geringen Werthes wegen nicht
das Cartätschen, sondern man braucht
sie, nachdem sie wohl gewaschen und getrocknet worden, entweder zu Watten und
gestöpten Röcken, oder man lässet sie spinnen, und nimmt sie zum Einschlag zu
schlechten Zeugen, oder zu groben Strümpfen.

In diesem Unterricht bestehet alles,
was sowohl bey der Maulbeerbaum-Zucht
als auch bey dem Seidenbau zu beobachten ist.

www.ingramcontent.com/pod-product-compliance
Lightning Source LLC
Chambersburg PA
CBHW021522270326
41930CB00008B/1054

9783743363700